Poonam Choubey
Priyanka Soni
Sneha Sule

Sistema de deteção de intrusão utilizando MANET

Poonam Choubey
Priyanka Soni
Sneha Sule

Sistema de deteção de intrusão utilizando MANET

ScienciaScripts

Imprint

Any brand names and product names mentioned in this book are subject to trademark, brand or patent protection and are trademarks or registered trademarks of their respective holders. The use of brand names, product names, common names, trade names, product descriptions etc. even without a particular marking in this work is in no way to be construed to mean that such names may be regarded as unrestricted in respect of trademark and brand protection legislation and could thus be used by anyone.

Cover image: www.ingimage.com

This book is a translation from the original published under ISBN 978-620-7-45322-1.

Publisher:
Sciencia Scripts
is a trademark of
Dodo Books Indian Ocean Ltd. and OmniScriptum S.R.L publishing group

120 High Road, East Finchley, London, N2 9ED, United Kingdom
Str. Armeneasca 28/1, office 1, Chisinau MD-2012, Republic of Moldova, Europe
Managing Directors: Ieva Konstantinova, Victoria Ursu
info@omniscriptum.com

Printed at: see last page
ISBN: 978-620-7-59508-2

ÍNDICE DE CONTEÚDOS

Capítulo 1
NTRODUÇÃO

1.1 Visão geral

A estrutura remota está a obter uma qualidade clara devido aos seus planos de jogo suportados pela mobilidade e pela fase de acesso. Entre as diferentes estruturas centradas nos avanços remotos, a estrutura impermanente conveniente é vista como um possível espaço de trabalho. Aqui, a técnica de orientação é proibida pelos próprios pontos centrais, pelo que as tradições feitas para apoiar este ambiente são, além disso, leves. No meio deste atalho, foram feitos alguns acordos de controlo que proporcionam uma região frontal para um agressor afetar o funcionamento normal da estrutura e mostrar um comportamento maligno designado por interferências. Ao longo do tempo, diversas estratégias foram propostas para melhorar as questões actuais da prova reconhecível do intruso em MANET (Mobile Ad-hoc Network). A maioria delas centra-se em torno do exame de conhecimentos válidos de transmissão e todas as decisões de prova reconhecível de malevolência apontarão simplesmente para estas condições. Para além destes números, as abordagens existentes não tratam de questões como, por exemplo, revelações de intrusos, quedas fragmentadas, acidentes e saltos imprevistos. Assim, este trabalho fornece uma parte dos novos parâmetros para uma maior precisão no IDS. Basicamente, estes trabalhos dão mais e perfeita distinção entre visualização de vitimização, obtenção, exame de dados e prevenção de verificações de PDR. A partir deste conhecimento, as quedas podem ser reduzidas e podem ser efectuadas identificações e limpezas de intrusos úteis e definitivas.

A MANET é um sistema de curta duração que não tem qualquer poder de supervisão e que pode criar um pacote de hubs que é concebível para falar uns com os outros dentro de um âmbito de transmissão estabelecido e é independente da fundação. A partir de agora, os hubs portáteis falam especificamente com hubs extra sem comutação e, doravante, as funcionalidades favorecidas são inseridas em cada hub. Uma vez que as MANET são constituídas por hubs portáteis com menos equipamento e necessidades do que um comutador, os protocolos e a direção utilizados têm funcionalidades leves. O âmbito da

Este trabalho visa melhorar a segurança das MANET através de um quadro de identificação de interrupções para a convenção de resposta AODV. Os hubs que trabalham no sentido de degradar a execução normal do sistema são designados por hubs malignos ou agressores. O tipo de atividade produzida por este tipo de hub é terrível e influencia o tempo de vida do sistema e o componente de execução. Além disso, o núcleo do gatecrasher aponta para a alteração dos dados genuínos das parcelas e produz esses dados para redirecionar a atividade do sistema através desses núcleos vingativos que, mais tarde, foram abandonados ou adiados. Assim, esses hubs de interloper precisam de ser distinguidos convenientemente para fazer a correspondência protegida e segura no sistema. Para o tempo de continuar alguns anos, numerosas metodologias foram propostas ao lado de alguns quadros de reconhecimento de interrupção. Apesar do fato de que existem algumas questões que permanecem sem solução e não são determinadas conforme necessário. Nas proximidades desses hubs ou em adiamentos de tal descoberta, a execução do sistema cai persistentemente. Neste pensamento, propõe-se um novo plano à luz do AODV em MANET. Este plano é adequado para capturar o hub do gatecrasher, investigando constantemente os parâmetros do sistema e obtendo as contagens de reconhecimento. Além disso, serve como uma observação consistente que chega à conduta de cada hub. A avaliação e a correlação dos resultados fazem a avaliação real da abordagem proposta e revelam-se melhoradas do que a metodologia convencional.

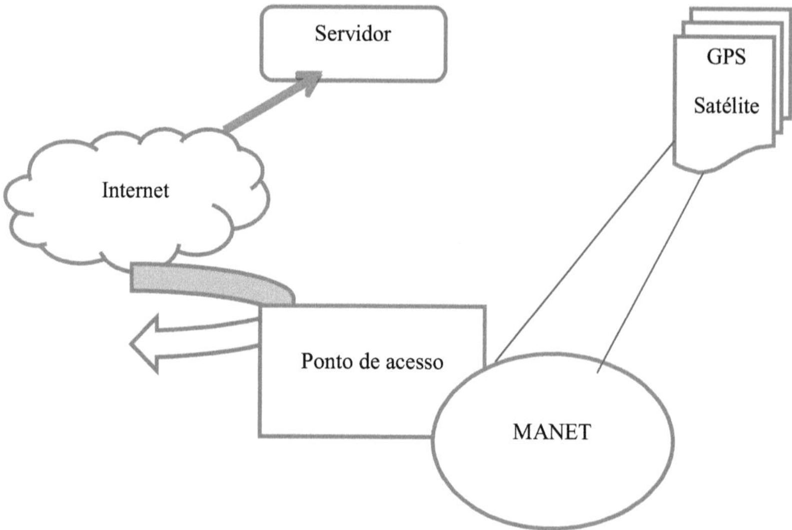

Figura 1.1 Redes Ad-Hoc.

Existe uma grande variedade de tipos de sistemas especialmente concebidos para o efeito, com diversos níveis de maravilha e de transmissão, por exemplo, os sistemas portáteis Ad-hoc, WSN, WMN, Bluetooth, cognitivos, VANET e assim por diante. Não dispõe de qualquer controlo ou verificação para tratar desta correspondência. Em vez disso, todos os hubs farão o mesmo. A rede Ad-Hoc é formada com o objetivo de comunicar entre os nós móveis, tais como computadores portáteis, telemóveis, tablets, etc. Como se pode ver na Figura 1.2.

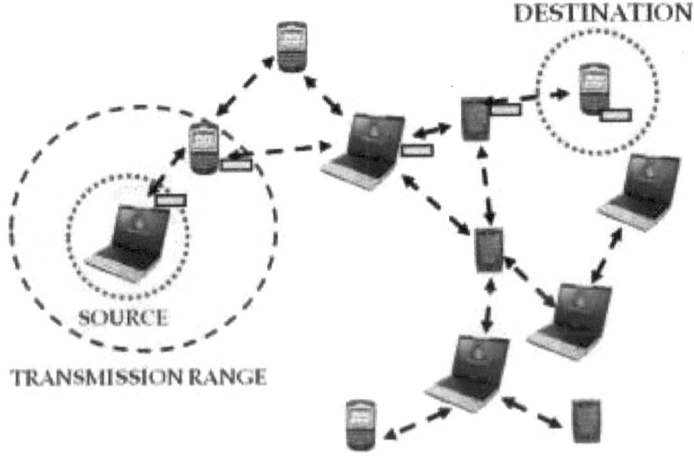

Figura 1.2 Redes Ad-Hoc.

Não requerem quaisquer requisitos infra-estruturais específicos para realizar esta conduta. A WLAN (Wireless Local Area Network) permite a correspondência através do ar com desenvolvimento de RF sem qualquer relação física com a correspondência baseada na LAN. Uma vez que o novo padrão apresentado na vizinhança remota é uma das questões mais convincentes por detrás da criação de entusiasmo para abrir correspondências de segurança, foram feitas novas exigências para a transmissão robusta de meios persistentes para correspondência remota, 802.11 b. Após a apresentação com este padrão, a vizinhança remota é mais fiável, destacando-se da LAN com fios na medida em que o comércio e a execução de dados. O 802.11 b apresenta as normas para a camada física e de associação de dados. Utiliza o controlo da associação tradicional IEEE 802.3, que é um pouco da camada de associação de dados (existem dois segmentos na camada de associação de dados, um é o controlo da associação de dados e o outro é o controlo da associação de dados)

Assim, cada hub funciona como um interrutor e executa uma estrutura que é versátil ou não versátil por natureza. Assim, podemos dizer que pode flutuar à medida que a versatilidade do hub se desenvolve. Os hubs de um determinado alcance corresponderão diretamente com a assistência de associações remotas, no entanto, são muito diferenciados para utilizar diversos pontos centrais como trocas. Estes hubs trocam, em geral, o mesmo suporte físico. Pode transmitir e executar sinais na banda de recorrência uniforme pela capacidade de transmissão acessível agregada. Deste modo, a transmissão é simples e não depende do sistema onde a impotência pode ocorrer devido ao facto de as disposições de segurança não serem legitimamente executadas para um sistema de tão curto alcance. As possibilidades de assalto são ainda maiores nas MANET do que noutros sistemas com fios.

Assim, a partir de todos os retratos e partes das expectativas acima referidas, observa-se que a MANET é mais impotente em relação aos assaltos ao sistema, particularmente a classificação caracterizada de assaltos com práticas evolutivas. Estes são abrangidos pela componente de descoberta de interrupções. Este trabalho reflecte sobre as metodologias completas acessíveis com as MANET para o reconhecimento e a evacuação das interrupções. Após análise, o trabalho propõe igualmente uma nova metodologia baseada no CAN-RV para melhorar o sistema de reconhecimento habitual. Para além de todos os retratos de expectativas e segmentos acima referidos, descobriu-se que as MANET são mais vulneráveis a ataques ao sistema, particularmente à classe de ataques caracterizada por práticas em evolução. Estes são abrangidos pela classe de instrumentos de reconhecimento de interrupções. Este trabalho examina as metodologias completas acessíveis com MANET para a localização e evacuação de interrupções. Após análise, o trabalho propôs igualmente uma nova metodologia baseada em CAN-RV para actualizações no sistema de localização habitual.

1.2 Aplicações de MANETS

O sistema remoto está a ficar cada vez maior e mais denso, passo a passo. A quantidade de clientes está a aumentar com os últimos avanços na conceção. O sistema remoto é um desses sistemas com um número alargado de nós para aplicações de gadgets. Estes sistemas proporcionam uma correspondência versátil e reactiva dentro de uma gama específica de sistemas. Um sistema remoto é ordenado em numerosas sub-redes ou áreas que suportam estes avanços, por exemplo, administração global para telemóveis (GSM), acesso diferente por divisão de código (CDMA), Bluetooth, Zig Bee, rede móvel (MANET), rede ad-hoc de veículos (VANET), cognitiva, WSN e assim por diante. A classificação adicional de um sistema é concebível com base na dependência de um gadget e no seu âmbito de separação de correspondência. A totalidade deste sistema é utilizada para a transmissão via rádio e aplica-se através de menos convenções de associação e, por vezes, também através de convenções de associação. Garante a transmissão de informação frutuosa para o destino a partir da fonte.

A MANET é uma espécie de sistema remoto, que utiliza frequências de rádio e mantém correspondência de curto alcance. Como é de natureza provisória e tem dispositivos móveis para a correspondência, o que faz com que esse sistema seja menos baseado. Neste sistema, os estados variáveis de direção confrontar-se-ão com alguns problemas que corrompem a sua execução. De entre estes problemas, a segurança é a principal preocupação que gere todos os tipos de ataques e a segurança do pacote de informações. Posteriormente, o hub que está incluído nesse tipo de quebras de segurança é chamado de hubs malignos ou atuantes e o instrumento usado para mantê-lo sob a estrutura de localização de interrupção. Estas interrupções podem ser antecipadas por diferentes componentes, como o reconhecimento, a observação de hubs, a identificação de condutas, a queda de informação e ajustes, a diminuição de atrasos e assim por diante. Toda a convenção de direção atual espera que os hubs dentro do alcance estejam agindo adequadamente à luz do fato de que eles não consideraram as apropriações de versatilidade e situações do sistema por causa de hubs recentemente reconhecidos. A nossa principal preocupação ao propor novas revisões para a segurança é apresentar taxas de reconhecimento de interrupções mais elevadas com problemas de execução minimizados. Este trabalho propõe IDS através de AACK para a convenção AODV. Esta quantidade de reação pode ser considerada como o pensamento significativo para a prova de distinção.

1.3 Benefícios esperados

A natureza útil da metodologia proposta pressupõe uma parte imperativa do sistema remoto e do IDS para distinguir o centro de agitação na estrutura e alertar o cliente antes que este cause danos a uma estrutura. Esta é uma investigação rápida para descobrir o núcleo vingativo na estrutura do sistema. Está igualmente pronto para observar todos os hubs numa estrutura e deve, adicionalmente, examinar os pacotes de envio e aceitar encomendas do remetente e do destinatário, além de manter a tabela de direção ou os dados do hub vizinho e também todos os hubs aparecem numa estrutura de sistema remoto. Emular são as preferências da metodologia proposta:

➤ Identificação baseada na mobilidade e menor utilização dos activos.

➤ Tem a capacidade de apanhar gotas fraccionadas adicionalmente através de um controlo constante e considerará os cubos como arrombadores de portões.

➤ Proporciona um ponto de controlo focal com transmissões seguras e reconhecimento de natureza agradável.

➤ Redução da taxa de falsas identificações.

➤ Identificação precoce tendo em conta a informação existente exame dos componentes de execução.

➤ Identificação do comportamento em termos de débito, DR e despesas gerais de encaminhamento.

1.4 Objectivos

1. Conceber um algoritmo de deteção de intrusão em MANET para prever efetivamente o comportamento malicioso do nó.
2. Melhorar a eficiência da MANET em termos de rendimento utilizando a análise de factores.
3. Melhorar o rácio de entrega de pacotes em MANET.

1.5 Ambiente Ad-Hoc percetivo

A tradição TCP/IP ocorre na camada superior, que possui uma notável placa de interface de rede (NIC) com uma estrutura de circuito para transformar o sinal simples em automatizado para estações de trabalho. Basicamente, o seu alcance de transmissão é de vários metros e a escala de troca de dados é de 1mbps, mas o alcance de transmissão e o padrão de conversão de dados são excepcionalmente destituídos da potência do ponteiro, das condições atmosféricas e do bloco. As estações adaptáveis 802.11 podem ser convenientes ou estacionárias. A rede sem fios é maioritariamente ouvida com o apoio de células LAN remotas, ou Conjuntos de Serviços Básicos (BSS)

Existem dois tipos principais de BSS.

1. BSS gratuito

2. BSS extraordinariamente delegada

Independentes BSS:

São efectuados quando necessário, sem qualquer associação, razão pela qual são conhecidos como BSS independentes. De uma forma abrangente, são o arranjo para um determinado motivo, por exemplo, motivo de emergência em que os dados são difíceis de manusear, trocam os dados começando com uma máquina e depois para a próxima. A maior parte das vezes, estrutura a associação remota entre as estações no BSS, através da qual estas efectuam uma troca de dados e, subsequentemente, a transmissão acontece particularmente da fonte para o destino, de qualquer forma, é fundamental que o BSS esteja em desenvolvimento um do outro, a comunicação é proposta, em princípio, para um número pré-estabelecido de estações.

BSS improvisado:

É geralmente chamado de estabelecimento BSS, que é a mistura da estrutura com fio e remota. Cada estabelecimento BSS tem o privilégio de obter um ponto de acesso (AP), é um movimento central de transferência que se limita a uma estrutura de unidades de canal ajustada BSS para o sistema de difusão (DS). A estrutura dispersa é a junção do ponto focal, do interrutor ou do interrutor de um lado para apanhar a porta de entrada dos recursos da estrutura e outra estrutura como a web. O empacotamento é feito entre a aplicação e o interrutor ou comutador é o compromisso do sistema de dispersão (DS), que pode ser obtido através de associações com fios ou remotas.

Neste caso, é criada uma camada de associação entre as estações adaptáveis que se deslocam livremente e o AP, que é conhecida como camada MAC, de qualquer modo, estas estações são simplesmente enviadas de e para o AP selecionado. Para apresentar o sistema entre as estações úteis no BSS, satisfazendo um armazenamento e retransmissão antecipada para o intra-BSS. A estação móvel utiliza sistemas de largura 802.11 para se transformar numa parte de um BSS de base e anexar ao sistema LAN remoto, que descobre o BSS que está dentro da bússola. O pacote transmitido a partir do AP, estes grupos podem, sem grande esforço, encontrar os BSSs e as capacidades da estação flexível são registadas antes de se transformarem num pedaço de qualquer privilégio para apanhar um ponto de entrada. As estações versáteis podem ser unidas ao campeão AP imediatamente, mas uma estação flexível deve ser confirmada por um par de ups. O handoff de despacho de estação flexível sinuosa, começando com um BSS e depois para o seguinte através da restauração, a borda da organização de recuperação é tanto um pedido da estação versátil de envio para se desassociar do BSS atualmente relacionado e um engajamento se juntar a uma alternativa.

1.6 Rede móvel Ad-Hoc

Devido ao ambiente livre da base da MANET e à sua ampla adequação, pode ser caracterizada como dinâmica por natureza, com hubs com um âmbito de correspondência em que cada hub actua como um dispositivo de direção. Pode ser de um único salto e pode ser alargado a vários saltos. É adaptável por natureza e, subsequentemente, a região de aplicação é adicionalmente cara, por exemplo, militar, transporte, aeronáutica, negócios e assim por diante. O objetivo deste tipo de sistema é o seu meio de correspondência, por exemplo, com fios e à distância. Qualquer sistema comercial é um tipo de sistema WLAN. Este sistema utiliza um canal de correspondência aéreo e um impacto eletromagnético para enviar dados entre os aparelhos. Em sistemas versáteis, os hubs são especialmente designados para saberem corresponder-se com outros hubs situados dentro de uma separação clara, denominada gama de correspondência [1]. Os sistemas improvisados compreendem os dispositivos remotos que se correspondem entre si sem uma base estabelecida. Um sistema versátil especialmente designado é uma base provisória, menos um sistema em que o hub fala um com o outro sem nenhum instrumento de controlo incorporado. Assim, estas práticas de elementos de tal sistema têm aplicações potenciais em situações de dificuldade de ajuda, de reunião e de campo de batalha, e têm reconhecido uma consideração vital até à data. [2].

1.7.1 Propriedades da MANET

O sistema Multi-jumps tem algumas propriedades críticas. Algumas delas são apresentadas abaixo:

Mobilidade: Os nós podem mover-se arbitrariamente. Desta forma, a topologia do sistema pode mudar de forma autónoma e rápida em alturas irregulares e pode envolver associações bidireccionais e unidireccionais.

Velocidade de transferência obrigatória: As ligações sem fios oferecem um limite fundamentalmente inferior quando comparadas com as ligações com fios. Da mesma forma, o rendimento reconhecido das correspondências remotas, após os impactos secretos de diversas condições de acesso, comoção, desfocagem e obstrução, é, na maior parte das vezes, essencialmente tímido do que a taxa de transmissão mais proeminente de um rádio.

Funcionamento com recurso a energia: Todos os hubs numa MANET têm em conta a bateria ou outros meios para a sua vitalidade. Para estes hubs versáteis, um grande critério de melhoria do plano de estrutura pode ser a proteção da vitalidade. Este trabalho tem em vista a utilização proficiente da vitalidade.

Auto-configuração: Os nós têm a capacidade de reconfigurar a topologia do sistema e encontrar outro caminho quando o caminho se interrompe ou o hub se desloca, devido à natureza elementar dos sistemas.

Ausência de router centralizado: Em sistemas improvisados, cada hub assume parte como um switch que processa procedimentos de divulgação de curso à luz do fato de que determinado organizador não atribui como um roteador.

1.7.1 Segurança das operações de rede

Do ponto de vista da segurança, existem inúmeras razões pelas quais o sistema remoto improvisado está em perigo. No momento em que hub ou elementos não aprovados perturbam a operação típica, podemos dizer que o sistema está sob emboscada. No momento em que diversos hubs falam uns com os outros por um meio remoto e isso é indefeso contra ataques de interface, uma parte do ataque de conexões é:

1. Acomodar o espião
2. Deteção de elementos
3. Divulgação de dados secretos
4. Evolução da informação

5. Baile de máscaras

6. Reação à mensagem

7. Mensagem deformada

8. DOS

A maior parte das necessidades de segurança não tem tendência a ser satisfeita na estrutura ou nas camadas superiores. Por exemplo, num par de LANs remotas, a encriptação da camada de associação está associada. Em todo o caso, em caso de dúvida, as organizações de segurança são realizadas em camadas superiores, por exemplo, na camada de estrutura, uma vez que várias estruturas excecionalmente delegadas aplicam o controlo baseado no IP e propõem ou sugerem a utilização do IPSec. Muitas vezes, esses hubs podem ser encontrados observando o seu comportamento, mas devido à sua péssima qualidade de ligação, em alguns casos, outros hubs também se tornam desordeiros. Um desapontamento confuso aconteceu predominantemente por causa da vizinhança de organizar o hub.

1.8Sistema de deteção de intrusões

A intrusão é uma espécie de movimento indesejável que ocorre no sistema e que provoca a sua corrupção. Por conseguinte, deve ser descoberta nas fases anteriores à transmissão da informação. Há um grande número de medidas de aversão à interrupção acessíveis aos clientes para superar esses exercícios indesejáveis de intrusão. Estes sistemas são a encriptação e a verificação, que reduzem e eliminam as interrupções. É obrigatório que o sistema envie qualquer IDS em direto com elevados pré-requisitos práticos. Atualmente, a maior parte dos IDS dependem da análise, canalização, organização e estudo do fluxo de movimento em curso, tipicamente espectadores do fluxo de atividade em comutadores, comutadores e passagens de informação do sistema de observação [7]. Os parâmetros essenciais para uma estrutura protegida são: Integridade, Confidencialidade, Disponibilidade, Autenticação, Não negação e Escalabilidade. Os procedimentos de identificação de interrupções têm sido geralmente ordenados em uma de duas filosofias: uma descoberta de peculiaridades ou um elemento subtil de reconhecimento de abusos, o que é dado em [8]. Nesta metodologia, ela será executada em hubs malignos numa circunstância particular de decisão. Numerosos hubs podem, entretanto, trocar documentos com a sua topologia de direção em cada hub devido à sua portabilidade. Neste contexto, a escolha da segurança é mais determinante durante a execução.

1.8.1 Funcionalidades IDS:

O ambiente do sistema IDS confere privacidade, honestidade, veracidade e hostilidade a uma negação de registos de curso que podem ser compreendidos pela marca avançada ligada ao governo eletrónico. Seja como for, outras variáveis associadas devem ser consideradas: Em primeiro lugar, o processo de trabalho intermédio e adaptável no governo eletrónico; em segundo lugar, a segurança do cálculo informatizado das marcas; em terceiro lugar, a questão da velocidade de marcação e verificação da marca avançada. Já existe um excesso de ênfase na segurança da hipótese da marca informatizada, por exemplo, utilizando um plano de marcação complexo ou expandindo o tamanho do registo com um objetivo específico de aumentar a segurança, ignorando a razoabilidade. Na aplicação prática, a segurança é frequentemente afetada pela velocidade de funcionamento das máquinas. Além disso, a velocidade de transmissão é um enorme estrangulamento, especialmente no ambiente do sistema, pelo que a racionalização do funcionamento deve ser uma questão explicada de forma crítica, tendo em conta a forma de garantir a segurança

1.8.2 Técnicas de IDS em MANET

A segurança do sistema inclui todos os exercícios identificados com a atualização de segurança necessária para um sistema. Um método viável de segurança do sistema obriga a distinguir os perigos e, posteriormente, a selecionar o melhor conjunto de dispositivos para ultrapassar essas falhas de segurança. A direção e a segurança assumem um papel imperativo para a utilização eficaz das MANET. Entre todos os aparelhos acessíveis, a descoberta de interrupções é um destaque entre os métodos mais garantidos para perceber um ataque concebível antes que a estrutura possa ser infiltrada. Para investigar a segurança de sistemas remotos versáteis especialmente designados, necessitamos de certos parâmetros [7]. Os parâmetros fundamentais para uma estrutura protegida são os seguintes Não-revogação & Escalabilidade, Confidencialidade, Disponibilidade, Integridade e Autenticação. Foram propostos alguns métodos para identificar centros de problemas num sistema portátil improvisado.

1.8.3 Conceção do IDS

Ao longo dos últimos anos, as diferentes arquitecturas de MANET estão a ser propostas para esclarecer os problemas identificados com os quadros de reconhecimento de interrupções. Ao considerar os diferentes tipos de sistema, a situação, por exemplo, em fundações de sistemas de nível, todos os hubs são considerados equivalentes. Nas fundações multicamadas, todos os hubs são diversos. Os hubs podem ser reunidos em grupos com qualidades comparáveis, com um hub de cabeça de grupo para todos os grupos. Para se corresponderem num grupo, os cubos estão em contacto imediato uns com os outros. No sistema de todos os hubs, a correspondência entre grupos é efectuada através de cada um dos hubs de cabeça de grupo. Esta estrutura é adequada para aplicações que satisfazem necessidades militares. Tal como indicado em [10,5], esta engenharia estrutural caracteriza-se, em termos gerais, por quatro classes padrão. Estas são:

IDSs individuais:

No IDS único, cada hub tem um IDS dedicado para si próprio e é responsável por todas as escolhas que um hub pode fazer à luz da recolha de informações. Não tem nenhuma associação entre os hubs do sistema e, desta forma, nenhum dado é trocado como a posição de diferentes hubs, dados de precaução, e assim por diante. Apesar do facto de, devido aos seus limites, não serem potentes, podem ser adequados para sistemas em que os hubs não estão equipados para executar um IDS ou em que foi introduzido um IDS. Os dados do hub e os critérios de escolha do IDS não são muito viáveis neste caso, pelo que não são utilizados para reconhecer geralmente o sistema de nível.

IDSs sequenciais:

O planeamento estrutural deste ID é um sistema decentemente apropriado e útil utilizado para um ambiente agrupado baseado em fundações multicamadas. Tem cabeças de grupo individuais preenchidas como focos de controlo como dispositivo de sistema, por exemplo, um interrutor, interrutor ou portal. Esta cabeça de grupo tem todas as funcionalidades para distinguir essas práticas malévolas. Podem ter a capacidade de rastrear o movimento do sistema e as parcelas que ajudam na localização de exercícios indesejáveis.

IDSs distribuídos e cooperativos:

A questão acima referida do IDS autónomo é determinada quando podemos ter a capacidade de influenciar os dados de execução sobre o IDS e o seu resultado entre os diferentes centros da sua gama. Isto é concebível através da utilização da ideia de um suporte apropriado e de centros de proteção. Cada centro participa na prova de distinção de interferências e um agente IDS executa uma ação nesse centro. Cada administrador de IDS é responsável pela distinção, pela ocasião social dos dados e pelos eventos da vizinhança, com um objetivo final específico de detetar intrusões e dar uma resposta livre. Apesar de os administradores de IDS vizinhos participarem uns com os outros quando não há qualquer afirmação convincente na área global de interferência [1].

Administrador de gadget portátil para IDS:

Para este tipo de IDS, a identificação da conduta nociva ou a descoberta da exceção pode ser dada a centros portáteis designados por operador versátil. Devido à sua natureza portátil, cada operador versátil é considerado para executar apenas uma tarefa invulgar e, depois disso, um ou mais especialistas portáteis são disseminados entre os hubs do sistema. Torna o IDS disperso por natureza, uma vez que não são atribuídas algumas obrigações a cada centro, o que ajuda a diminuir a utilização de energia. Da mesma forma, acomoda a adaptação à falha interna em tal rota, a tal ponto que se o sistema for repartido ou uma porcentagem dos operadores separados, eles podem atualmente continuar funcionando. Também pode ser trabalho para o ambiente portátil maior.

1.9 Prevenção de ataques:

O mecanismo proposto pode ser capaz de identificar os ataques com base nos seus tipos. Isto pode ser evitado antes de qualquer dano ou queda de pacotes. A fim de avaliar a eficácia dos algoritmos utilizados para o problema da deteção de intrusões, o seguinte ataque parece estar a ser defendido.

➢ Ataque de queda de pacotes:

Neste ataque, o atacante rejeita os pacotes Route Error, levando os nós legítimos a encaminhar pacotes com ligações quebradas.

➢ Ataque de Inundação: O nó malicioso transmite pacotes de Route Request forjados aleatoriamente para todos os nós a cada 100ms, de forma a sobrecarregar a rede.

➢ Ataque de falsificação: Um nó malicioso modifica e transmite ao nó vítima pacotes de Erro de Rota que levam a características de ligação repetidas.

1.10 Organização da tese

Capítulo 1 Introdução

Este capítulo; destaca as características das redes ad-hoc e seus problemas. Essas redes têm necessidades básicas de infraestrutura que não estão disponíveis ou estão danificadas, o que serve de motivação para o trabalho relatado nesta dissertação. Além disso, delineia o objetivo específico da investigação e o trabalho relacionado que ocorreu no passado. Este capítulo também aborda a categorização e a solução atual dos sistemas de deteção de intrusões.

Capítulo 2 Inquérito bibliográfico

Neste capítulo, apresenta-se uma panorâmica dos trabalhos relacionados no domínio das técnicas de encaminhamento em redes Ad-Hoc sem fios, com breves explicações sobre as técnicas de encaminhamento especificadas utilizadas no sistema de deteção de intrusões.

Capítulo 3 Definição do problema e solução proposta

Explica o conceito de rede Ad-Hoc e os seus tipos, bem como o problema medido no atual processo IDS. Descreve também a solução proposta.

Capítulo 4 Aplicação e análise de resultados

Este capítulo aborda os aspectos da implementação da solução proposta. Apresenta também a simulação do mecanismo sugerido e do mecanismo existente.

Capítulo 5 Conclusão e trabalho futuro

Este capítulo conclui o trabalho juntamente com algumas sugestões que podem ser utilizadas para alargar o trabalho.

Capítulo 2
REVISÃO DA LITERATURA

PESQUISA BIBLIOGRÁFICA

2.1 Antecedentes

A MANET é uma estrutura flexível e exclusivamente delegada, fabricada por um caso social de pontos centrais num determinado grau, que podem relacionar-se claramente entre si sem qualquer infraestrutura essencial, por exemplo, comutadores, interruptores e ligações. Por isso, é conhecida como uma estrutura autónoma. Neste caso, cada centro servirá de apoio ao sistema de transmissão de dados ou de comércio. Não existe qualquer poder de controlo ou vigilância para lidar com esta correspondência. Ou talvez, até ao último ponto central, o mesmo acontece. Aqui, cada centro funciona como um interrutor e adopta uma topologia estática ou de componentes, mas está em constante mudança conforme a versatilidade das estruturas de foco. Os focos dentro de um e outro grau de rádio conferem, especialmente por estratégia para afiliações remotas, enquanto outros que estão localizados numa partição usam vários focos diversos para passar [1]. Os focos de foco rotineiramente embaralham a mesma mídia física; eles transmitem e protegem sinais na mesma banda de repetição do limite de comércio de dados abertos agregados, no entanto, a transmissão é clara e não é atingida pela pobreza, o sistema é impotente contra a armadilha à luz da maneira como a parte de segurança não é de forma alguma iniciada em uma estrutura de execução tão pequena. A interferência é um tipo de desenvolvimento indesejável que ocorre na estrutura e causa sua corrupção. Assim, ele deve ser obtido antes dos períodos de calendário de transmissão de dados. Este desenvolvimento será executado em centros perniciosos numa circunstância específica de grau. Devido à sua flexibilidade, diferentes pontos centrais podem falar ao mesmo tempo, coordenando as actualizações da topologia em cada ponto central.

Este sistema está a ficar composto e, além disso, fraco, o que dá origem à maioria dos problemas de segurança. Neste tipo de estrutura, a estrutura de reconhecimento de interferências pode ser utilizada como um segundo divisor de proteção para proteger a estrutura de tais problemas. Se a interferência no sistema for detectada, pode ser iniciada uma resposta para prever ou minimizar os danos à estrutura. A prova de distinção de interferências

18

pode ser orquestrada à luz da exploração dos dados de boa-fé, quer se baseie em dados pessoais, quer se baseie na estrutura. Um IDS baseado na estrutura captura e examina os pacotes de desenvolvimento da estrutura, enquanto um IDS baseado no anfitrião utiliza a estrutura de trabalho ou o sinal da aplicação no seu exame.

2.1.1 Porquê IDS em MANET

Apesar do pacote misto de aplicações e da longa história de uma estrutura compacta e invulgarmente designada, existem ainda alguns problemas e desafios de organização que têm de ser resolvidos. Esta é a razão pela qual a MANET é um dos parâmetros de investigação essenciais. A MANET é um arranjo remoto de centros adaptáveis que se relacionam entre si; é uma forma de organizar uma estrutura. Todos os dispositivos podem ser comparados uns com os outros, ou seja, é uma estrutura remota de pontos multicêntricos. As questões e os desafios habituais que se colocam neste domínio e que, a partir de agora, se espera que sejam entregues por um IDS são os seguintes

- A banda e o canal para a transmissão de dados não são garantidos nas MANET, tendo em conta o seu meio remoto e aberto.
- Obriga a uma correspondência aberta e a uma correspondência de grupo e, desta forma, exige pontos centrais distintos com aprovações abertas e directas para que possa ocorrer a emissão de um terminal coberto e de um terminal revelado.
- O canal tem sortimentos baseados no tempo e a sua natureza desigual provoca alterações nas propriedades de multiplicação.
- A versatilidade é necessária na MANET, uma vez que é utilizada como peça de intercâmbios militares, tendo em conta a forma como o quadro é criado, como o demonstra a necessidade de cada centro compacto ter a capacidade de gerir a fortificação de um quadro e de realizar a tarefa.
- A MANET é um sistema sem estabelecimento, a associação central não está presente na MANET. Cada telemóvel pode comparar um PDA com o outro numa estrutura, a partir de agora tem a possibilidade de ser ainda mais difícil reconhecer as acusações e gerir as deficiências. Numa MANET, os telemóveis podem deslocar-se livremente. A utilização de tal topologia de elementos resulta em mudanças de curso, divisão incessante da estrutura e talvez adversidades de pacotes.

- Cada ponto central da estrutura é autónomo; ao longo destas linhas tem os fornecimentos para a interface de rádio com capacidades particulares de transmissão/tolerância, o que resulta em filtragem de filiações quilométricas. A MANET é uma estrutura sem comutadores.

- Na orquestração, cada ponto central funciona como um interrutor e pode encaminhar grupos de dados para vários pontos centrais para proporcionar a partilha de informações entre os centros flexíveis. Uma tarefa problemática para realizar uma estrutura de tendência não ensaiada, a área física da engenhoca pode ser utilizada como parte da estrutura autónoma designada de forma invulgar. Em todo o caso, cada aplicação é à luz do TCP.

2.1.2 Classificação e componentes dos IDS

Regularmente, os trabalhos de IDS podem ser separados em dois segmentos ou partes [4]. O primeiro é o Similar Pattern Base IDS, que é usado para perceber cada uma das interferências que são conhecidas ou utilizadas há algum tempo. O melhor exemplo disto é o Anomaly Base IDS, que é utilizado para detetar cada uma das interferências que não são conhecidas ou que nunca foram utilizadas. Como demonstrado por um centro, existem 3 tipos de IDS que são:

- IDS autónomo: É utilizado para analisar cada ponto central sem reservas e examinar todos os eventos e criar uma base de dados.

- IDS cooperativo e disperso: É utilizado para lidar com a oferta de informação entre todos os centros e criar uma base de dados de todos os centros de partilha no quadro e resposta.

- Hierárquico: É utilizado para tentar atingir todos os centros de juventude ou novos pontos centrais e apenas responder em virtude da interferência Qualquer IDS tem dois segmentos, truques e estimativas.

Para criar um instrumento IDS convincente, devem ser efectuadas algumas contagens novas que servirão como uma parte interna da disposição dada por um par de modelos e filosofias de condução de excentricidade. Tais truques são a mistura de locais de trabalho e o rendimento dos cálculos solicitados. Cada um dos IDS tem um pouco das funcionalidades ou partes comuns que são:

- Monitorização: utilização para rastrear os pontos centrais, os vizinhos ou o próprio.

- Base de dados ou relatório de registo: utilização para registar o evento por intrusão, fazer estimativas e oferecer com vários pontos centrais.

- Resposta: após a descoberta da intrusão, o que é que a estrutura ou o ponto central pode fazer para responder ou reagir.

Entre a maior parte da estrutura de resposta, a eminente é a saudação de alarme. Neste caso, o valioso sinal pronto aparece a cada um dos vizinhos ou estas bases de dados são dominadas em associações de registo para todo o centro da estrutura. O tipo de IDS depende do tipo de resposta que está a dar, como inundações, redesenhos de vigilância, inquéritos, oferta de bases de dados

2.2 Estudo relacionado

A estrutura da área de interrupção é um tipo de segmento de exame de dados que está a anular as normas para transmissões. Assim, para adicionar a um plano razoável, deve ser atualizado com instrumentos de recolha e exame actuais. No meio dos últimos dois anos, existem estratégias distintas prescritas quanto às estruturas de intrusão, suas diretrizes, estrutura de reconhecimento exato, etc. Destas, algumas são apresentadas aqui como:

No artigo [5], o autor investiga a utilização de metodologias de recolha na área da intrusão. Para o efeito, o artigo analisou cinco contagens de recolha regulamentadas utilizando um conjunto de estimativas. O método inspecciona a avaliação da execução da estrutura de reconhecimento de interferências na sequência da utilização do instrumento solicitado. Além disso, o documento supervisiona a afinação dos classificadores para o tipo de emboscada escura, que é controlada pelo seu exame de dados de boa-fé. A estratégia utilizada para o efeito é designada por "cross-endorsement", em que os dados dos mesmos tipos de emboscadas estão disponíveis em todos os domínios. Além disso, investigou-se: (i) Em primeiro lugar, de que forma o pedido direto versus a recolha sensível aos custos tem impacto na execução, tanto no que diz respeito ao deslize do plano (CE) como à medida do erro ponderado (custo esperado) (WCE). (ii) Adicionalmente, esperamos investigar como é que a afinação de hiper-parâmetros afecta a execução quando novas greves escuras são fundidas no conjunto de dados de teste. Os conjuntos de dados abrangem uma vasta gama de condições, incluindo diversos tipos de ataques, diversos níveis de adaptabilidade da estrutura e desenvolvimento prejudicial, em última análise, quebras inconfundíveis na recolha de dados para o sistema de reconhecimento de interferências. Isto difere de um negócio de boa-fé em que os tipos de ataques obscuros podem ser uma montra. Os resultados reconhecidos demonstram que as secções transversais de custo ponderado podem ser utilizadas eficazmente, o que constitui uma ameaça para a estrutura do sistema de interferência.

Para aumentar a segurança, uma parte dos fabricantes concentrou-se em estratégias de segurança para a prevenção de intrusões. Entre elas, a mais rentável é a encriptação e verificação, que diminui as ameaças de procedimentos de intrusão, mas não tem a capacidade de as evacuar completamente. Assim, no artigo [6], o autor propõe outra estratégia quantitativa para reconhecimento de interferências, que é uma estrutura baseada em irregularidades comportamentais. Para diminuir, a sobrecarga de correspondência realizada à luz da necessidade e grupos genuínos a possibilidade de um compartimento é mostrada. Todos os compartimentos são constituídos por alguns conjuntos claros. Em vez de enviar pacotes de reconhecimento para cada grupo de informação, é adequado enviar um ato para todos. Neste trabalho, o segmento-chave é o operador IDS próximo de cada centro reduzido.

Módulo de recolha de dados:

O limite de orientação deste módulo é regular os actos dos centros para dados relacionados com a segurança de eventos sociais. Utilizando o limite do DTQ, o ponto central do remetente obtém informações sobre os centros de fuga e os centros que actuam bem, na perspetiva do reconhecimento obtido pelo remetente após o envio dos pacotes para vários pontos centrais. A área dos pontos centrais tóxicos obriga a um significado adequado do termo pernicioso. O motor de identificação também obriga a rotular um ponto mais distante adequado entre actos normais e anormais.

Módulo de votação:

Quando um módulo de votação de um ponto central recebe a mensagem de venda de votos, vota no ponto central suspeito, conforme demonstrado pelos resultados comunicados pelo motor de prova de distinção, e envia o resultado para o módulo de votação do ponto central.

Módulo de Resposta a Intrusões:

De acordo com a última consequência retardada do módulo de votação, o centro m pode ser um ponto central bem comportado e está livre ou pode ser um ponto central malévolo e deve ser rejeitado. Estas autoridades funcionam sem reservas e examinam as actividades do cliente e do sistema, bem como as práticas de correspondência dentro do seu alcance de rádio para reconhecer comportamentos irregulares.

Outro sistema de reconhecimento de interferências denominado Enhanced Adaptive Acknowledgment (EAACK) para MANETs é apresentado em [7]. Este sistema apresenta taxas de reconhecimento de comportamento perigoso mais elevadas em determinadas condições, sem afetar fundamentalmente as apresentações da estrutura. Continha três partes importantes, nomeadamente ACK, ACK seguro (S-ACK) e confirmação de relatório de indisciplina (MRA). O ACK é basicamente uma conclusão para terminar o curso de ação de atestação. Funciona como um toque da trama de mistura no EAACK, precisando de diminuir a sobrecarga de ordenação quando não se percebe nenhum guia de estrutura. O padrão é dar a cada três focos dinâmicos ou galopes uma chance de trabalhar em um evento social para ver como obter focos de foco turbulentos. Para cada três focos consistentes no curso, o terceiro foco é obrigado a enviar um pacote de afirmação S-ACK para o ponto de foco primário ou centro. O objetivo da apresentação de um modo S-ACK é encontrar pontos centrais mal comportados na região de efeito beneficiário ou de potência de transmissão limitada. A disposição MRA está planeada para resolver a fraqueza do Watchdog quando este não consegue aperceber-se de que está a entrar em pontos centrais desonestos com a apresentação de um relatório falso de comportamento infeliz e o relatório falso de desonestidade pode ser entregue por agressores vingativos para denunciar de forma não fidedigna pontos centrais inocentes como centros perniciosos. Este tipo de ataque pode ser perigoso para toda a estrutura quando os agressores separam os pontos centrais adequados e conforme as necessidades, devido a uma distribuição do sistema. O ponto focal do arranjo MRA é usado para afirmar se o centro de objetivo obteve o pacote em falta reportado através de uma rota de substituição na estrutura. Com um verdadeiro objetivo particular de separar os tipos de pacotes em arranjos inconfundíveis, o artigo consolidou um cabeçalho de pacote 2-b no EAACK. Ao nível vital do trabalho, a abordagem está a criar resultados eficazes com o mínimo de encargos.

No artigo [8], é apresentada uma nova metodologia de prova reconhecível de intrusão através da combinação de duas estratégias de irregularidade Conformal Predictor k-nearest neighbour e Distance based Outlier Detection (CPDOD) count. O efeito conjunto de dois métodos rápidos CP-KNN e DOD numa estrutura de recolha proibitiva dá melhores resultados e peças de prova reconhecíveis capazes. As estruturas de reconhecimento de irregularidades têm a capacidade de reconhecer práticas diabólicas obscuras e, entretanto, deparam-se com os impactos negativos de uma elevada taxa de alertas falsos quando os perfis dos clientes e a conduta do sistema ou da estrutura se movem em geral. A área de excentricidade pode ser combinada com a verificação de impressões digitais para encontrar emboscadas com mais sucesso. O nosso sistema de divulgação utiliza a junção de dois calendários de reconhecimento A área de anomalias com a prova de distinção de impressões digitais para reconhecer ataques com maior capacidade. Entretanto, o nosso modelo utiliza duas escalas de peculiaridade CP-KNN e DOD numa estrutura de curso de ação proibitiva. Mostramos ambas as medidas (CP-KNN resistance score e Outlier Fator LDOF) para o reconhecimento de intrusões MANET e usamo-las em conjunto como takes after. O cálculo CP-KNN regista a pontuação de desobediência do inquérito demonstrado com a produção de todas as classes e obtém um plano de jogo de p-qualidades. A pontuação de dissensão do cálculo CP-KNN envelhece o bem-estar de outro espécime para uma classe em relação a cada classe distinta. O fator Outlier LDOF mede o desvio incomparável da classe de especulação. Assim, todos os avanços que, de um modo geral, são únicos em relação aos dados de uma classe distinta são vistos como intrusos. O caso especial Fator LDOF é utilizado para avaliar o desvio de uma atividade dos dados comuns. Um movimento de resultados de testes mostra a área prática de irregularidades com baixa taxa de falsos positivos e maior precisão.

Além disso, uma parte dos especialistas concentrou os seus desejos na estrutura da área de interferência multi-utilitária. De entre os trabalhos anteriores, este artigo[9] apresenta o diagrama de IDS de camadas cruzadas, que é extraordinariamente fundamental encontrar. Tais ataques centram-se em ou têm origem em quaisquer camadas rapidamente.

Recolha de dados nas proximidades:

O módulo de acumulação de informações de vizinhança reúne picos de informação de uma série de dados, exemplos de actividades e ataques provenientes das camadas física, MAC e de sistema através do módulo de afiliação.

Deteção de vizinhança:

O módulo de prova de distinção adjacente envolve um motor de deteção de anomalias. A unidade de reconhecimento adjacente separa os dados da área depois de recolhidos pelo módulo de agregação de dados da área para afirmação de idiossincrasias.

Deteção agradável:

Quando o nível de apoio e de segurança é baixo ou as provas de interferência são fracas e não verificáveis no ponto central de perceção, então pode tomar decisões situadas em grupo reunindo os conhecimentos dos seus pontos centrais de incorporação através do método do canal de correspondência garantido.

Gestão de alertas:

A organização de vigilância recebe a vigilância da área ou o reconhecimento do co-especialista, dependendo da natureza da afirmação de intrusão.
Ao longo destas linhas, o fabricante fornece uma parte de prova de distinção de intrusão predominante, considerando o reconhecimento de características, utilizando a estrutura de mineração de dados de cluster. Espera-se que a conceção básica de divulgação de intrusão baseada em camadas cruzadas proposta encontre ataques DOS e emboscadas de fendas de pia em camadas particulares da pilha de tradição. O procedimento é, da mesma forma, capaz de perceber diversos tipos de ataque de inundação UDP e ataque de sinkhole de uma forma viável.
Diversas estratégias são propostas nos próximos anos, tendo em conta a estrutura existente, como um cachorro guardião em [10]. Como o objetivo normal do seu entusiasmo é que o cachorro guardião precisa apenas de informação adjacente e, nesse sentido, tem a oportunidade de ser excecionalmente problemático para ser seriamente influenciado por um centro substituto. Entretanto, tem dois obstáculos
(i) O cachorro monitor está exposto a ataques agradáveis [23].
(ii) Não é demasiado correto quando fabricamos a adaptabilidade do centro.

De igual modo, propõe um ajustamento deste quadro que pode ser utilizado como uma peça de MANET. O cão de guarda é um módulo importante para um par de vários IDS, esforçando-se por melhorá-lo transforma-se numa necessidade. As melhorias propostas podem ajustar-se bem às fraquezas do cão de guarda à luz dos canais de Kalman. Propomos um procedimento semelhante ao utilizado como parte dos canais SPAM utilizados para as mensagens: Além disso, para manter uma separação fundamental das emboscadas sinérgicas, propomos uma técnica de troca de informações como um sistema de votação. No passado, mostrámos como a mobilidade tem impacto no máximo do cão de guarda para encontrar um atacante. No trabalho escrito, podemos encontrar uma disposição experimentada e expansiva de conjuntos mecânicos para encontrar práticas estranhas consideradas malignas em vários domínios, por exemplo, os canais SPAM. Um canal SPAM pode separar o correio eletrónico spam ilegítimo do correio eletrónico à moda antiga. Estes canais de correio eletrónico são frequentemente considerados canais Bayesianos essenciais, que permitem ao cliente de correio obter algumas respostas relativamente às decisões do cliente. Os canais Bayesianos essenciais não são apenas importantes para encontrar SPAM.

Uma mudança substituta da técnica é evitar o ataque de fendas escuras partilhadas. Uma troca segura de informações entre os pontos centrais permite perceber se um ponto central está a ser embelezado e, além disso, é considerado pernicioso.

Neste artigo anterior[11], é efectuado um exame entre os vários IDS existentes à luz das entradas, rendimentos, sistemas, pontos de interesse e quedas. Na sequência do enfoque nas filosofias distintas e nos seus benefícios, o documento sugeriu ainda algumas regras para a seleção de IDS eficazes para uma maior segurança. Nesta secção, são criadas algumas directrizes para ajudar a selecionar estruturas de prova de distinção de intrusão na MANET. Princípio 1: Nas MANET, que obrigam a uma elevada taxa de revelação e a uma baixa taxa de falsos prontos e dispõem de recursos de estrutura e de recursos computacionais ilimitados em cada centro, os IDS devem utilizar a extração de dados ou a estrutura neural como estruturas de reconhecimento adjacentes em cada centro e utilizar a tomada de decisões agregadas entre os pontos centrais. Orientação 2: Nas MANET, onde os recursos da estrutura são limitados e a necessidade de segurança dos IDS não é elevada, devem ser utilizados peritos adaptáveis como parte da correspondência entre os centros. Norma 3: Para os IDS cuja flexibilidade e necessidades de segurança não são elevadas, devem ser utilizadas autoridades adaptáveis para dirigir a revelação em cada ponto central. Princípio 4: Para IDS que podem ser contactados para trabalhar com vários tipos de dados de auditoria e necessidades de segurança para IDS. O documento efectua de igual modo alguns exames para mostrar que a ligação se concretiza e organizará as investigações posteriores. O documento apresenta, de igual modo, um exame lógico de um módulo de instrução MIS/CIS/CS sobre a apresentação principal do novo desenvolvimento para IDS em MANET. Para além disso, a investigação acima descrita é acompanhada de um estudo relativo às concepções de IDS propostas nos trabalhos artísticos actuais [12].

Levando adiante o instrumento padrão de revelação de intrusão, uma taxa dos fabricantes tinha trabalhado com encriptações, firewalls, etc. Para obter o acesso não aprovado ao sistema antes das horas de calendário das correspondências, o fabricante apresenta o IDAR, um detetor de intrusões baseado em impressões digitais, centrado em tradições de coordenação improvisadas. Esta estrutura vai separar o caso da reutilização. A avaliação dos resultados mostra uma utilização limitada dos recursos (por exemplo, memória e taxa de câmbio) e uma taxa de revelação elevada, bem como uma redução das emboscadas de falsos positivos [13].

2.3 Protocolo utilizado: AODV

Para compreender a questão do ataque de lacuna escura na convenção de direção AODV, primeiro compreendemos alguns atributos regulares e seu funcionamento da convenção de direção AODV em ambiente portátil. Depois disso, examinamos o ataque de lacuna escura, componente de assalto na convenção de direção AODV. A convenção de direção do vetor de separação de interesse especial (AODV) utiliza uma metodologia de interesse para a descoberta de percursos para correspondência, sendo esse percurso construído apenas quando é necessário por um centro de origem para a transmissão de uma parcela de informação. Esta convenção permite que todos os centros portáteis transmitam mensagens aos seus vizinhos que não se encontram no raio de alcance da correspondência via rádio. A convenção AODV faz isso encontrando os percursos ao longo dos quais as mensagens e os dados podem ser enviados. A convenção AODV toma medidas de segurança para que esses percursos não contenham círculos e tenta descobrir o percurso mais curto possível. Além disso, o AODV está preparado para lidar com as mudanças de trajetória e pode criar novas trajectórias se houver um erro. O AODV caracteriza três tipos de mensagens de controlo para a manutenção da rota:

RREQ-

Quando um hub precisa de impressionar um hub alternativo que não é seu vizinho, envia uma mensagem de Route Request (RREQ).

RREP-

Uma mensagem de resposta de percurso é enviada mais uma vez para o originador de um RREQ se o coletor for o centro que utiliza a localização pedida ou se tiver um percurso certo para essa localização.

RERR-

O nó examina o estado da ligação dos saltos seguintes em percursos dinâmicos e, quando se detecta uma quebra de associação num percurso dinâmico, pode ser utilizada uma mensagem RERR para informar os centros alternativos da perda de ligação.

2.4 Objectivos do trabalho

A MANET é uma estrutura flexível excecionalmente designada por uma reunião de pontos centrais num intervalo específico, que pode ser comparada particularmente com cada um dos substitutos sem necessidades infra-estruturais, por exemplo, comutadores, interruptores e ligações. A partir desta altura, é conhecida como uma estrutura independente de base. Neste caso, cada ponto central servirá como uma estrutura de ajuda para dados ou regras comerciais. Não existe qualquer poder de controlo ou vigilância para lidar com esta correspondência. Ou talvez, todos os últimos pontos centrais actuarão da mesma forma. Aqui, cada ponto interior funciona como um interrutor e adopta uma topologia estática ou de componentes, o que recomenda que esta esteja em constante mudança, tal como a transportabilidade das estruturas de foco. Os focos de atenção ao grau de rádio de cada um são especialmente concedidos pela técnica para filiações remotas, enquanto outros que se encontram numa partição utilizam vários focos diferentes para transmitir [1]. Os focos geralmente embaralham o mesmo meio físico; eles transmitem e protegem sinais na mesma banda de repetição do limite agregado de comércio de dados abertos, no entanto, a transmissão é fundamental e não pobre o sistema está desprotegido contra o assalto à luz do fato de que a parte de segurança não é por qualquer extensão da imaginação iniciada em tal estrutura de corrida pequena.

(i) Encontrar uma conceção auxiliar do IDS que seja adequada e que se adapte à natureza flexível e extraordinariamente selecionada do quadro remoto.

(ii) Encontrar uma forma de lidar com a utilização razoável da fonte de dados do inquérito como parte da estrutura remota na divulgação de peculiaridades. Como determinado anteriormente, os dados do inquérito numa estrutura remota são, de vez em quando, parciais e adjacentes.

(iii) Descobrir como ver razoavelmente a atividade de assalto a partir do melhoramento normal, particularmente aquele desenvolvimento normal que parece ser estranho devido a variáveis, por uma ocasião, más afiliações do sistema. Regra geral, o IDS terá uma taxa elevada de falsos prontos

2.5 Resumo do capítulo

Após o exame de todos os documentos e considerando a substância relacionada, este trabalho reconheceu uma percentagem das questões que permanecem por resolver para algumas técnicas e também se concentra na descoberta de realizações específicas de identificação ad lobbed de interrupções em menos activos. Posteriormente, o trabalho continua no sentido de acrescentar uma outra resposta para obter melhores resultados que eliminem os problemas atualmente relacionados com o IDS.

Capítulo 3
DEFINIÇÃO DO PROBLEMA E SOLUÇÃO PROPOSTA

3.1 Domínio do problema

O processo de intrusão é um tipo de atividade indesejada que provoca a degradação do desempenho da rede e, por isso, tem de ser detectado nas fases iniciais das transmissões. Como o ambiente da rede ad hoc é sem fios e o protocolo utilizado para suportar a mobilidade também é leve, o mecanismo de segurança concebido para evitar esses ataques não é suficiente. São complexos e não são suficientemente precisos para impedir esses ataques, como sondagens, quedas, etc. Depois de estudar os vários artigos de investigação, parece que o seguinte problema continua por resolver no caso dos IDS e que existe uma vasta área de trabalho neste domínio.

➢ **Sobre-audição da transmissão:** Para analisar o comportamento do vizinho intruso, alguns nós de monitorização ou de autoridade central ou cada nó vizinho podem ouvir a transmissão do seu nó vizinho.

➢ **Relatório de falso comportamento incorreto e deteção de natureza cooperativa:** Alguns dos nós podem antecipar que os seus esquemas de trabalho e de transmissão são seguros, mas estão a deixar cair os pacotes ou a reduzir o desempenho da rede. Por isso, é necessário detectá-los nas fases iniciais do IDS.

➢ **Contagem de confirmações:** A contagem total de confirmações pode ser utilizada para obter o índice de confiança dos nós, o qual, com base nas confirmações enviadas e recebidas, determina o índice de confiança dos nós, cujos valores mais elevados indicam que os nós se comportam corretamente

.

➢ **Fiabilidade da rota:** Para cada transmissão bem sucedida ou rácio de pacotes enviados e recebidos, a fiabilidade da rota pode ser aumentada, o que mostra que a rota existe e não está a servir como funcionalidade de queda de dados ou intrusos.

- ➢ **Filtro de contagem de saltos:** O número de saltos também pode ser considerado como uma condição para a intrusão, porque numa grande rede em que a mobilidade é muito elevada, presume-se que o número máximo de saltos de um pacote não deve ser superior a 30. Mas, nalguns casos, deveria ser mais, pois, para esses pacotes, o protocolo chama a atenção para o comportamento de um intruso, mas, na realidade, trata-se de um comportamento legítimo.
- ➢ **Baseado na contagem de sondas:** Em vez de deixar cair o pacote ou o aviso de receção, é fácil detetar a rota e a fiabilidade dos nós enviando um pacote de sonda. Este contém o valor TTL e o IP de um anfitrião através do qual se pode identificar o nó com comportamento incorreto.

3.2 Trabalho incorporado

Para construir uma estrutura, esta está equipada para apanhar as interrupções em menos tempo e com a taxa de reconhecimento falso minimizada. Para além disso, o IDS deve ter as qualidades que o acompanham:

1) O IDS tem de detetar a interrupção em todos os hubs, exceto os hubs, que podem juntar-se para decidir se devem ou não emitir um alerta.

2) Para aceder a dados de revisão próximos e inadequados, o IDS pode precisar de detetar irregularidades ocorridas em diferentes saltos.

3) Para lidar com a questão de não haver uma linha aceitável no meio do reconhecimento de interrupções típicas e estranhas, é necessário que o quadro atinja uma taxa de identificação elevada e, para além disso, uma baixa taxa de falsos avisos.

3.3 Solução proposta

A solução para os problemas acima referidos surge na deteção de intrusões especificada na secção anterior. Ambas as entidades são fornecidas através da medição explícita do comportamento dos nós durante um período de tempo. No método proposto, um novo IDS baseado em componentes que aumentam a taxa de deteção de intrusos. Normalmente, os IDS baseiam-se num processo de análise de dados através do qual são identificados alguns padrões úteis. Se este padrão for semelhante a valores previamente armazenados da atividade do intruso, então o nó ou a sua atividade é considerado como um processo de intrusão. O processo de análise dos dados depende do tipo de mecanismo utilizado para extrair as informações úteis e, para o efeito, podem ser utilizados vários classificadores. O trabalho sugerido visa a identificação precoce de intrusos com uma taxa mínima de falsas detecções e de perda de dados. O IDS proposto utiliza informações básicas necessárias para fazer a diferenciação entre tráfego normal e tráfego anormal devido a actividades maliciosas. Estas modificações são aplicadas através dos seguintes componentes:

(i) Identificação de intrusos

Aqui o módulo detetor regista as últimas transmissões efectuadas entre os diferentes nós. Agora, com base nestes dados, são definidos alguns dos parâmetros que registam algumas características do intruso. Estes são o comportamento dos nós vizinhos por sobreaquecimento da transmissão. A partir daí, o nó é capaz de decidir se o nó vizinho está a transmitir os pacotes com sucesso ou a deixá-los cair. Este comportamento pode ser medido através do cálculo da PDR e do débito de cada nó vizinho.

(ii) Incremento do valor de fiabilidade

Os valores dos parâmetros acima identificados são transmitidos a todos os vizinhos, após o que o nó recetor actualiza o valor da fiabilidade de cada um dos respectivos caminhos e nós. Com esta informação, a probabilidade de transmissão de cada caminho é medida através da comparação dos valores de PDR e Throughput com os existentes e aqueles que têm melhores valores são marcados como caminho verificado ou correto.

(iii)Contagem condicional de saltos e de pacotes de confirmação

Trata-se de uma abordagem de inspeção profunda de pacotes para uma maior precisão na deteção e remoção de intrusos. A maior parte dos sistemas de deteção de intrusos existentes só permite os pacotes provenientes de 30 hops e os pacotes provenientes de outros nós serão considerados intrusos ou pacotes maliciosos. Mas, nalgumas condições, os nós legítimos também enviam os pacotes de mais de 30 hops. Assim, este problema pode ser resolvido contando os seus valores TTL e os pacotes de reconhecimento. Estas contagens podem ser partilhadas pelos vizinhos.

(iv)Mecanismo de sondagem

Em vez de transmitir os pacotes actuais, a abordagem começa por enviar a mensagem de sondagem e, se a resposta a esta mensagem for recebida a tempo, o pacote continua a ser enviado.

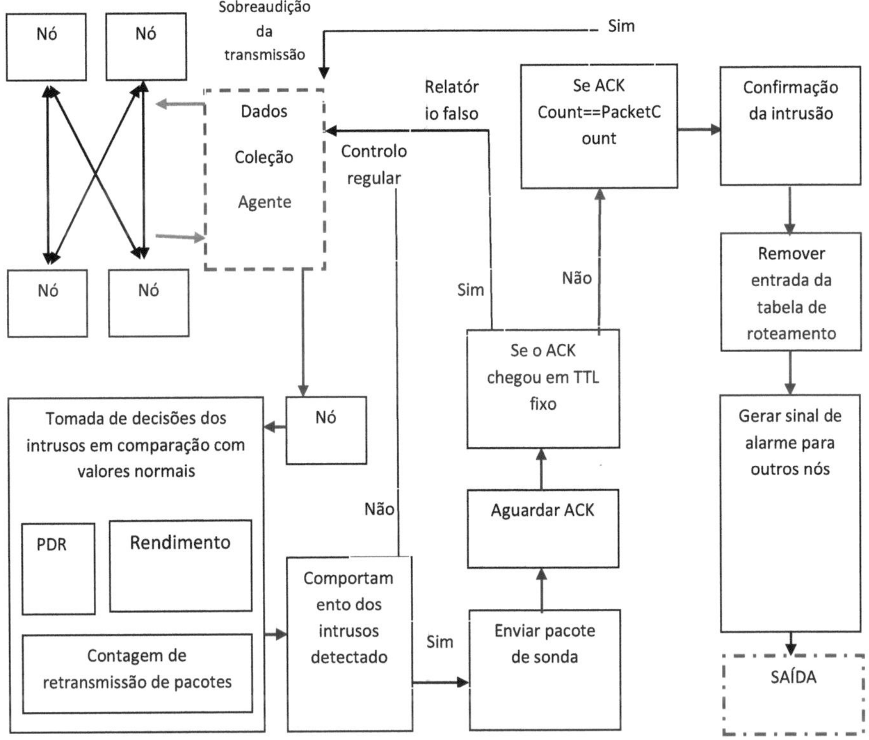

Figura 3.1: Sistema de deteção de intrusão proposto com monitorização regular do comportamento dos nós

Descrição

Na figura 3.1, todo o processo acima descrito é aplicado a uma monitorização contínua através de escuta e sondagem. Se o nó vizinho não for capaz de reencaminhar o pacote enviado dentro de um determinado limite de tempo, aumenta a sua contagem de falhas e, se o nó vizinho transmitir o pacote com êxito e a contagem de confirmações for igual à contagem de pacotes, o nó de monitorização aumenta a sua contagem de sucessos. Sempre que os pacotes provêm de um nó cujo valor de fiabilidade é inferior a um determinado limiar, o pacote é considerado como um pacote malicioso ou um pacote de intruso. Do mesmo modo, quando um nó pretende enviar um pacote através do vizinho cuja fiabilidade é inferior a um limiar especificado, o pacote não é enviado pela mesma rota, em vez de ocorrer uma mudança de rota. Para uma precisão superior a 30 saltos, o valor TTL é comparado com um pacote; se os valores forem iguais aos recebidos ou armazenados anteriormente, pode ser considerado um pacote legítimo ou então considerado um pacote malicioso.

3.4 Algoritmo proposto

```
Packet dropping (N, i)
{

        DECLARE ACK3, ACK DataPacket

        DECLARE Node, SRC, TimeOut T

        Destination = SRC-&> get DataPacket
        //Source expect ACK from destination

        If (ACK!= NULL)

        Else if (ACK 3! = NULL)

        Else
            {
            Print "Source received ACK from destination Successfully".
            }
        {
                Print "Source received ACK from neighbour node 3".
            }
    {
                Print "Malicious Node".
            }

    }|
```

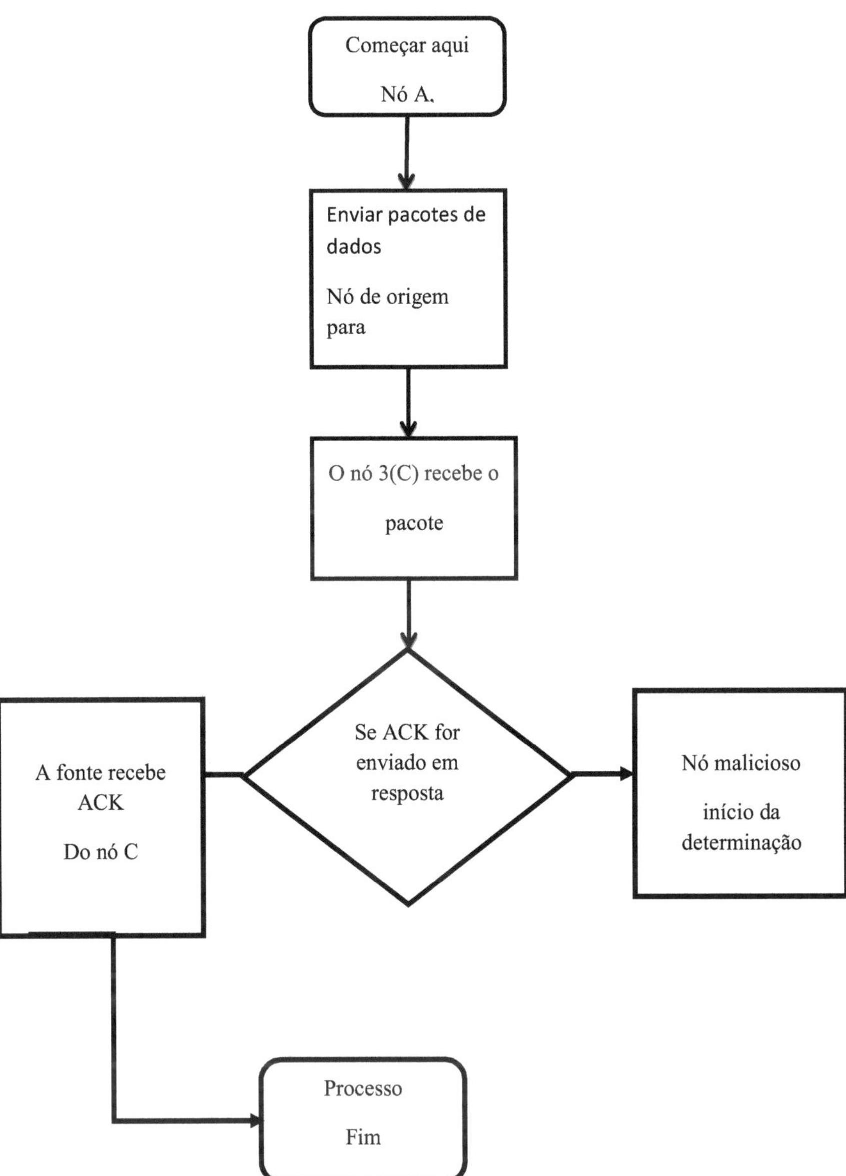

Figura 3.2 Fluxograma da deteção de nós maliciosos

3.5 Resumo do capítulo

O segmento acima abrange cada uma das perspectivas em relação ao trabalho num determinado espaço. Dá a investigação de diferentes artigos para reconhecer a zona atual de trabalho e ajudará com títulos de ponta de trabalho identificados com redesenhos de áreas. Além disso, fornece uma descrição e investiga o trabalho atual e distingue quaisquer provisões que corrompam a execução das convenções existentes. Deve ser efectuado através da compreensão dos diferentes trabalhos e da realização de um estudo bem sucedido sobre os mesmos. Por fim, distingue a questão do trabalho para o fazer iluminar num futuro não muito distante, necessário para a tese.

Capítulo 4
IMPLEMENTAÇÃO E ANÁLISE DE RESULTADOS

Este capítulo fornece os pormenores de implementação para realizar a tarefa acima referida e apresenta os resultados para verificar a autenticidade da abordagem proposta. Também aborda os requisitos do sistema para a implementação e os resultados da análise da dissertação.

4.1 Recursos necessários

Para demonstrar e implementar as abordagens sugeridas foram necessários muitos recursos do sistema, que são apresentados de seguida.

4.1.1 Sistema necessário

Para a implementação e para a execução do programa é necessária a configuração do sistema, tal como descrito em pormenor.

- **Processador**

  PC com processador Pentium IV de 2,6 GHz

- **RAM**

  Estação de trabalho Windows NT 4.0 - 128 MB, Servidor Windows NT 4.0 - 256 MB

  Windows 2000 Professional - 96 MB; Windows 2000 Server - 192 MB

  Windows XP Home, Windows XP Professional - 512 MB

- **Espaço disponível no disco rígido**

  600 MB na unidade do sistema, 3 GB na unidade de instalação

- **Sistema operativo**

  Linux, Windows XP, Windows 7, Windows 8, etc.

4.2 Ferramentas utilizadas

4.2.1 Simulador de rede-2

Toda a simulação foi efectuada utilizando o sistema de teste de sistemas NS 2.31, que é um sistema de teste discreto orientado para as ocasiões, criado na UC Berkeley como parte do projeto VINT. O objetivo do Ns2 é ajudar a investigação e a formação em administração de sistemas. É adequado para delinear novas convenções, analisar convenções alteradas e avaliações de actividades. O Ns2 é produzido como uma natureza. É transmitido como programação de fonte aberta. Um grande número de organizações e especialistas utilizam, mantêm e criam o Ns2. As versões do Ns2 estão disponíveis para Linux, Solaris, Windows e Mac OS X.

4.2.2 Descrição do NS-2

O NS2 é construído utilizando a linguagem orientada para objectos C++ e OTcl (variante orientada para objectos da Tool Command Language). O NS-2 interpreta os scripts de simulação escritos na variante orientada a objectos da Tool Command Language (OTcl). O cliente escreve o seu código de simulação como um script OTcl. Algumas partes do NS2 são escritas em C++ por razões de eficiência. O caminho de dados (escrito em C++) é separado do caminho de controlo (escrito em OTcl). Os objectos do caminho de dados são compilados e depois disponibilizados ao interpretador OTcl através de uma ligação OTcl. Os resultados obtidos pelo ns2 (ficheiros de rastreio) têm de ser posteriormente processados por outras ferramentas como o Network Animator (NAM), PERL, AWK script, etc. O desempenho da rede ad-hoc é determinado através da variação da carga de tráfego e da mobilidade dos nós. Os modelos de geração de tráfego são utilizados para estudar o efeito da carga de tráfego na rede e os modelos de geração de mobilidade são utilizados para estudar o efeito da mobilidade dos nós.

4.2.3 Descrição do TCL

O NS-2 é uma ferramenta de simulação orientada para objectos, escrita em linguagem C++, com um mediador Otel como front-end. O sistema de teste está subjacente a uma hierarquia de classes em C++ (também designada por progressão organizada neste relatório) e a uma cadeia de importância de classes comparável no mediador Otel (também designada por ordem traduzida neste registo). Os dois sistemas progressivos estão praticamente identificados um com o outro; do ponto de vista do cliente, existe uma correspondência coordenada entre uma classe na cadeia de comando decifrada e uma na ordem incorporada. A base desta ordem é a classe Tcl Object. Os clientes fazem novas perguntas ao sistema de teste através do mediador; estes artigos são instanciados dentro do tradutor, e são quase reflectidos por um protesto de comparação na cadeia de importância incorporada. A cadeia de comando da classe traduzida é consequentemente estabelecida através de técnicas caracterizadas na classe Tcl Class. Os itens instanciados pelo cliente são reflectidos através de técnicas caracterizadas na classe Tcl Object. Existem outras hierarquias no código C++ e nos scripts OTcl; estas outras hierarquias não são reflectidas à maneira do Tcl Object. Para configurar a rede de simulação no ns2, é necessário utilizar uma linguagem chamada Tcl. Na verdade, ela usa uma extensão da Tcl, chamada OTcl, que incorpora objetos na Tcl. Aceda a um prompt OTcl interativo executando o comando news a partir de uma shell Linux.

4.3 Aplicação

Com um objetivo final específico de avaliar e observar as exposições do enredo proposto, o trabalho continua abrangendo as três medidas de execução, primeiro é a proporção de transporte de pacotes (PDR) que caracteriza a proporção da quantidade de pacotes obtidos pelo hub de meta para a quantidade de pacotes enviados pelo hub de origem. Em segundo lugar, o Routing overhead (RO), que caracteriza a proporção da medida das transmissões relacionadas com o encaminhamento, por exemplo, RREQ, RREP, ACK, 2ACK, S-ACK, etc. Em terceiro lugar, a taxa de transferência, que dá a viabilidade das estruturas na transmissão dos pacotes. O instrumento proposto pode ter a capacidade de distinguir os ataques em função dos seus tipos. Isto pode ser evitado antes que qualquer dano ou pacote caia. O cálculo pode ser alargado a mais um par de parâmetros com base na espessura do sistema. Este cálculo pode igualmente ser alargado para distinguir e manter uma distância estratégica de mais alguns ataques à camada do sistema. Para reconectar a abordagem proposta, é criada uma situação através da composição de um script TCL (Tool Command Language) no qual são criados quinze hubs com o âmbito e o controlo de transmissão indicados. Os segmentos facilitadores são também claros no documento de script, por exemplo, tipo de fio de rádio, convenção de direção e tipo de linha. Cada hub produz cem por cento de vitalidade. Uma demonstração de versatilidade que tem sido habitualmente utilizada como parte das avaliações das convenções de direção Ad-Hoc é a apresentação da portabilidade de pontos de passagem irregulares. Neste modelo, os hubs escolhem ao acaso um objetivo e uma velocidade e vão para lá. Quando aterram no objetivo, os hubs portáteis param durante algum tempo e depois escolhem outro objetivo.

O desenvolvimento do dado, concentrou-se em contrastar a execução em relação às medidas de acompanhamento. Mais importante ainda, a proporção de transmissão de pacotes (PDR) para descobrir a proporção de pacotes que estão a ser enviados e recebidos. É necessária uma mensagem para ser transmitida no atraso de transmissão da mensagem. O sistema de teste encontra a sobrecarga de direção no quadro dado. Além disso, encontra o RREQ, RREP, ACK, 2ACK, S-ACK e assim por diante. Apesar do facto de as aplicações que utilizam este tipo de correspondência deverem ser geralmente tolerantes ao adiamento, ainda é importante considerar a alteração do número de salto e dos valores da medida da linha. Isso mostra como o uso de ativos da estrutura é influenciado pelas diversas configurações, o que é vital para que ativos importantes, por exemplo, velocidade de transferência e vitalidade não sejam desperdiçados.

Essa recriação para cada situação algumas vezes, deslocando a linha medida nos hubs (o quantificador de mensagens pode amortecer) e o salto incluem estima definir as mensagens. As qualidades que acompanham os parâmetros são mantidas na nossa reencenação. O sistema de teste termina o funcionamento do sistema apresentado na figura 4.1 Fiabilidade, valor e proteção do sistema contra as interrupções. Este módulo executa o cálculo proposto na parte anterior para melhorar o quadro de controlo e descobrir o hub de má conduta e o cuidado a ter com o quadro deste tipo de hubs.

Para a abordagem proposta, é criada uma situação através da composição de um script TCL (Tool Command Language) no qual são criados quinze hubs com determinado âmbito e controlo de transmissão. Além disso, são caracterizadas outras partes no registo do script, por exemplo, o tipo de aparelho de receção, a convenção de direção e o tipo de linha. Cada hub distribui 100% de vitalidade.

Tabela-4.1: Ambiente de Simulação

Número de nós	19
Tempo de simulação (segundos)	70

Alcance do rádio	300m
Tipo de tráfego	CBR, 3pkts/s
Tamanho do pacote (bytes)	512
Número de ligações de tráfego	4,30
Consumo de energia de transmissão	1.0J

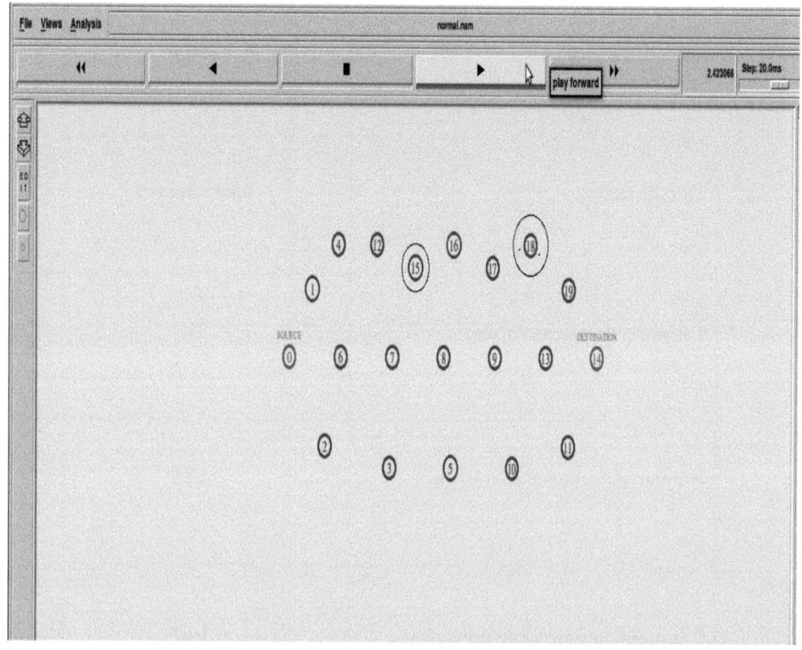

Figura 4.1 Ecrã de simulação da MANET

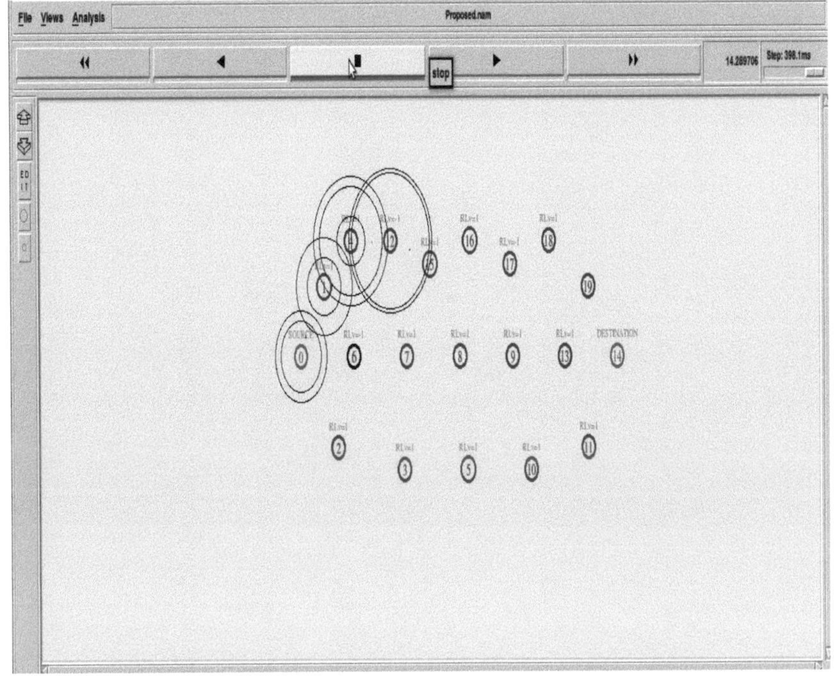

Figura 4.2 Captura de ecrã de funcionamento da MANET

As imagens de ecrã 4.1 e 4.2 são criadas para estudar os efeitos e o comportamento da abordagem sugerida. O mesmo cenário de simulação será também utilizado para o algoritmo de IDS existente. Após a execução completa da simulação, os seus resultados são cuidadosamente estudados e comparados.

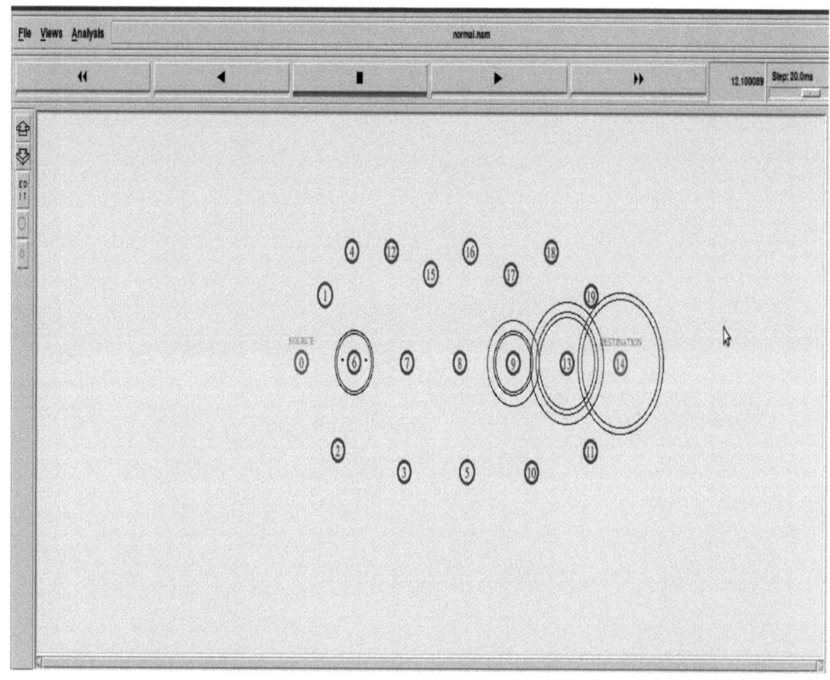

Figura 4.3 Deteção de intrusões em MANET Captura de ecrã 3

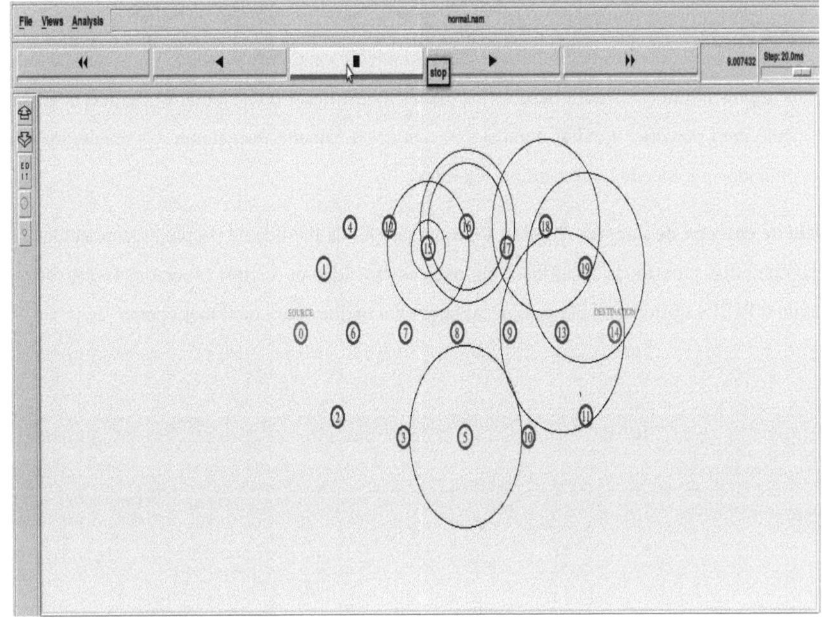

Figura 4.4 Ecrã proposto da MANET 4

Deste modo, a implementação completa da abordagem sugerida e existente de IDS em MANET é efectuada no NS2. Os cenários são utilizados para analisar o comportamento da rede em várias condições relativas aos nós.

4.4 Análise dos resultados

Este segmento demonstra o resultado e a execução da tese, que tem o resultado e a medida normais e pensa nas exposições da trama proposta, o trabalho continua a abraçar as três variáveis de execução, O primeiro elemento é a proporção de transporte de pacotes que dá a proporção da quantidade de pacotes obtidos pelo hub de objetivo para a quantidade de pacotes enviados pelo hub de origem. O segundo elemento é a sobrecarga de encaminhamento (RO), que caracteriza a proporção da medida das transmissões relacionadas com o encaminhamento, por exemplo, RREQ, RREP, ACK, 2ACK, S-ACK e assim por diante. O terceiro é o Throughput, que caracteriza a taxa de bits de informação enviados pelos hubs por unidade de tempo. A abordagem é reencenada e os seus resultados são investigados e comparados com os das metodologias existentes, com base na execução destes sistemas. A componente proposta pode ter a capacidade de distinguir os ataques em função do seu tipo. Isto pode ser evitado antes que qualquer dano ou pacote caia. Para facilitar, pode ser alargado a mais alguns parâmetros com base na espessura da estrutura do sistema. O cálculo deve ser efectuado para perceber e evitar mais alguns ataques à camada do sistema. Os resultados são discriminados e indicados utilizando o seguinte

Rácio de entrega de pacotes (PDR) - PDR é a porção da medida de pacotes reconhecidos no centro objetivo a partir da quantidade de pacotes enviados do centro esperado. Desta forma, quando o PDR é uniforme e elevado, a execução é a melhor para qualquer centro.

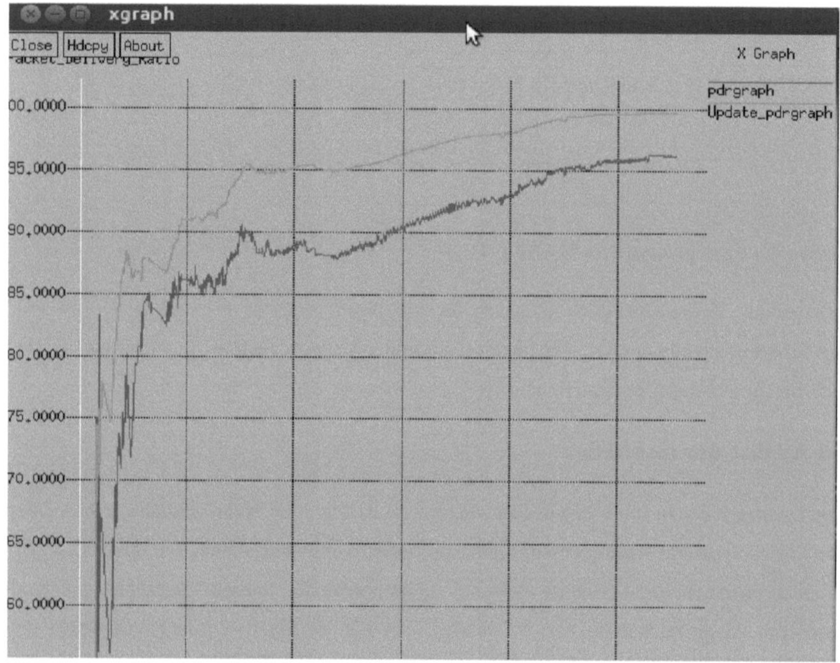

Gráfico 4.1: Comparação do rácio PDR do método proposto e do método existente

Revisão do gráfico:

No gráfico 4.6, a proporção de transporte é necessária para descobrir a execução das técnicas utilizadas como parte da PDR. Depende da medida de envio de encomendas que é obtida na soma equivalente. Neste sentido, nas melhores condições, deve ser elevada e uniforme, como seria de esperar. Quando julgamos o trabalho atual do diagrama acima, ele recomenda o resultado como uma técnica proposta que produz a proporção preferida de PDR sobre as metodologias mais experientes

Sobrecarga de encaminhamento (ROL) -

A ROL é a divisão de um número inteiro do centro de direção que possui o pacote equivalente ao agregado de parcelas de informação obtidas na extremidade de destino. Desta forma, a soma agregada da parcela de elementos produzida para cada transmissão de atividade de informação (em bits). Atualmente, quando consideramos o evento de pilha adicional durante a execução da estratégia prescrita, em comparação com a pilha convencional padrão para a estrutura. Contemplando as variáveis que o acompanham.

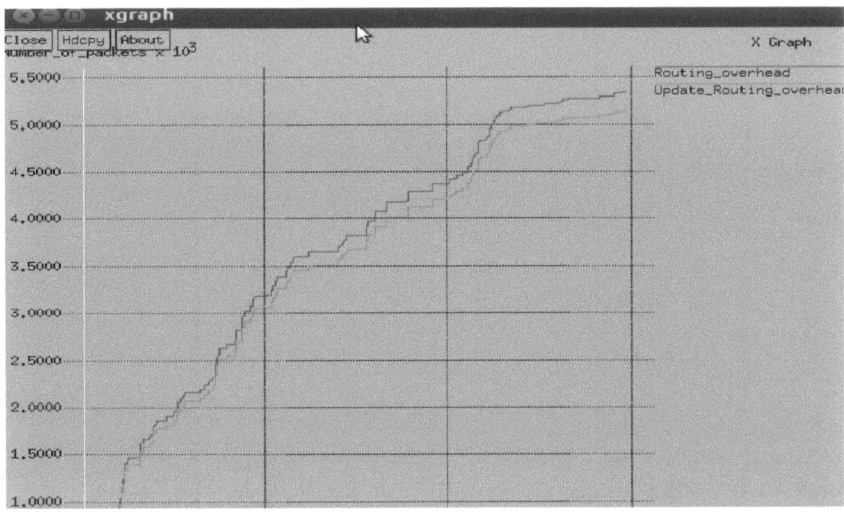

Gráfico 4.2: Comparação da sobrecarga de encaminhamento do método proposto e do método existente

Revisão do gráfico:

O resultado acima verifica as suas consequências, minimizando a sobrecarga de encaminhamento que está aliada ao método recomendado. Este gráfico também mostra que a complicação no método existente é muito menor em comparação com o método proposto.

Rendimento-

No rendimento, é igualmente um parâmetro do sistema que dá a pequena parte do limite do meio que é utilizado para a transmissão, para que se considere um objetivo na fase subjacente da recreação. Por exemplo, a informação em qualquer ponto precisa de ser trocada, mas é necessário que as parcelas de informação sejam transmitidas eficazmente para o objetivo.

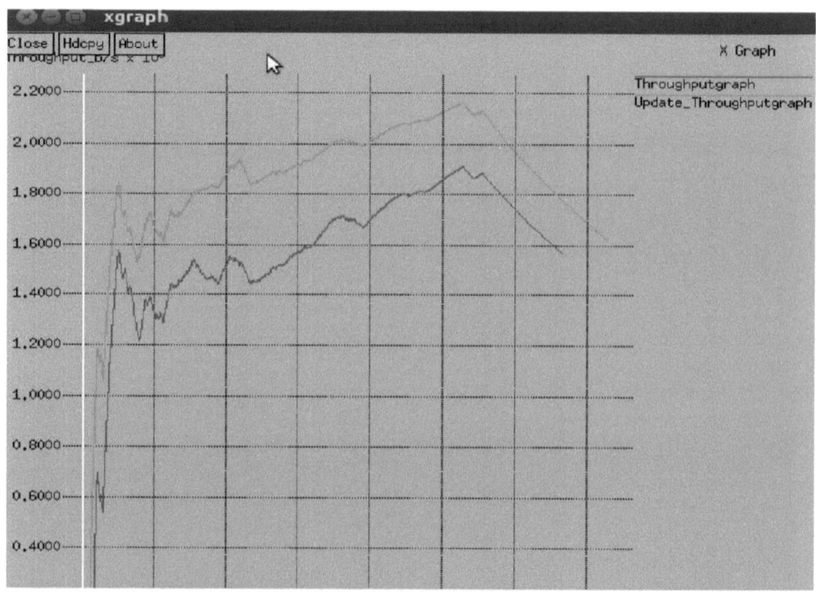

Gráfico 4.3: Avaliação da taxa de transferência do método proposto e do método existente

Revisão do gráfico:

Este gráfico mede o rendimento na época da proficiência de transmissão em requisitos de transmissão benéfica de parcelas em tempo unitário estabelecido para uma capacidade de transferência de dados de rolamento alterada. A consequência do rendimento é mostrada no diagrama que demonstra a grandeza da abordagem proposta, comparando-a com a atual. Neste gráfico, traduz-se o rendimento constante de numerosos casos inimigos que comprovam o resultado.

4.5 Resumo do capítulo

Na sequência da utilização e dos diferentes pontos de interesse do ambiente recreativo, este trabalho tinha ligado uma parte das estratégias e do cálculo planeado no código da convenção AODV para decompor as funcionalidades e a abordagem recentemente criada. Atualmente, o código que é criado de antemão no AODV é tomado como um componente atual do AODV, um código de papel de base é executado e um código de cálculo recomendado é tomado ao mesmo tempo no mesmo diagrama utilizando diversos matizes para tornar a correlação simples e acabada. No final, o gráfico demonstra a viabilidade e a eficácia da abordagem proposta em vários parâmetros, tais como o rendimento, a PDR e a sobrecarga de direção. Em cada um dos parâmetros, a abordagem proposta tem um desempenho superior ao de qualquer instrumento atual. Posteriormente, o trabalho é equipado para distinguir a interrupção no tempo e em menos activos e despesas gerais relacionadas.

Capítulo 5
CONCLUSÃO E TRABALHO FUTURO

5.1 Conclusão

Um IDS melhorado responde na devida ordem no que respeita à eliminação destes problemas através deste procedimento. O trabalho utiliza um padrão, controlado a meio caminho, que ouve a transmissão de vários pontos centrais também. Estas transmissões tinham um valor que aparecia de forma diferente em relação, na medida do possível, ao pedido de pontos centrais genuínos e maliciosos. Do ponto de vista da avaliação, o trabalho dá similarmente um par de resultados de exame de parâmetros de execução e conexão com estruturas existentes. Este trabalho provou sintomaticamente que a técnica proposta é viável melhorando a execução da estrutura e é melhor do que qualquer uma das abordagens tradicionais de divulgação de interferência. Além disso, a técnica faz com que a estrutura viva mais tempo à luz da sua menor utilização de imperatividade e baixos custos gerais. Os intrusos podem, sem dúvida, lidar com estruturas extraordinariamente designadas, incorporando pontos centrais prejudiciais ou não agradáveis na estrutura.

MANET é o sistema de rádio de curto alcance utilizado para continuar sem partes de infra-estruturas. Aqui, os focos intermédios servirão para o apoio final dos comutadores. Para transmitir os pacotes para a região desobstruída, os focos de foco vizinhos a meio caminho são utilizados para transmitir os grupos. Para isso, é necessária uma convenção de organização produtiva para dar a coordenação da ideia. As questões de segurança são uma preocupação primordial no sistema remoto e, a partir daí, é utilizado o cálculo da encriptação. Enquanto isso, no caso de intrusos, essa figura de segurança negligencia a armadilha desses intrusos que são projetados ou mostra repentinamente que o desenvolvimento estranho funciona. Geralmente, as estruturas de revelação de obstrução são pensadas em torno do exame de informações e, portanto, uma grande parte das vezes seu relatório de tempo é falso e não correto. Assim, este trabalho propõe uma nova IDS pensada em torno de um par de factores que têm um impacto incessante na conduta do ponto interior. No caso de estas partes serem vistas mais do que um período de tempo do que a conduta dos gatecrashers é retirada com precisão. Ao nível interpretativo do exame dos resultados do sistema proposto com o instrumento existente, o trabalho recomendado demonstra a sua razoabilidade e exatidão. Assim, este trabalho propõe uma resposta IDS revista na devida ordem no que diz respeito à eliminação destes problemas utilizando. O trabalho utiliza um padrão, que ouve a transmissão de focos inconfundíveis também. Estas transmissões tinham uma qualidade que emergia da borda padrão a respeito da demanda azul verdadeira e entrando em focos de foco de selvageria. Na perspetiva da avaliação, este trabalho dá também alguns resultados do exame dos parâmetros de execução e da associação com os quadros existentes. Este trabalho indicou sensivelmente que o raciocínio proposto está a melhorar adequadamente a execução da estrutura e é superior a qualquer abordagem padrão de reconhecimento de obstruções. Da mesma forma, a abordagem faz com que a estrutura viva por mais tempo à luz da sua menor centralidade de utilização e baixa sobrecarga

5.2 Trabalho futuro

Algumas questões e pensamentos que não foram abordados podem ser realizados mais tarde. Com a ajuda de uma abordagem preventiva, podem ser incorporadas mais informações para um exame preciso e feliz da interferência e do seu reconhecimento produtivo com elevada precisão. Pode, da mesma forma, ser utilizada para o exame quantitativo e subjetivo, para o pedido de classificação, etc. De igual modo, incorporamos o código fonte dos nossos arranjos propostos no Network Simulation

No futuro, para utilizar as vantagens desta técnica proposta, como o código-fonte aberto, podemos também expandir a proposta de descoberta de pontos de acesso não autorizados para mais parâmetros de pacotes e avaliá-los através da obtenção do motor e do motor de reconhecimento, seleccionando parâmetros cruciais e discricionários de forma independente para um quadro remoto com resultados potenciais mais elevados de introdução de pontos de acesso não autorizados ou um quadro que exija mais segurança, como os quadros militares. Da mesma forma, podemos utilizar várias técnicas de extração de dados para reconhecer os pontos de acesso não autorizados num quadro remoto. A estrutura proposta limita-se a reconhecer o ponto de acesso não autorizado disponível, mas o cliente que utiliza o dispositivo remoto na estrutura pode interagir fisicamente com o ponto de passagem, pelo que a atividade de equilíbrio pode ainda ser realizada após o reconhecimento dos pontos de acesso não autorizados. Por conseguinte, o cliente não deve associar-se a este tipo de ponto de passagem e o quadro não está sujeito a qualquer ataque.

5.3 Vantagens

A natureza útil da metodologia proposta pressupõe uma parte imperativa do sistema remoto e do IDS para distinguir o centro de agitação na estrutura e alertar o cliente antes que este cause danos a uma estrutura. Trata-se de uma investigação rápida para descobrir o núcleo vingativo na estrutura do sistema. Está igualmente pronto para observar todos os hubs numa estrutura e deve, adicionalmente, examinar os pacotes de envio e aceitar encomendas do remetente e do destinatário, além de manter a tabela de direção ou os dados do hub vizinho e também todos os hubs aparecem numa estrutura de sistema remoto. Emular são as preferências da metodologia proposta:

➢ Identificação baseada na mobilidade e menor utilização de activos.
➢ Tem a capacidade de apanhar gotas fraccionadas adicionalmente através de um controlo constante e considerará os cubos como arrombadores de portas.
➢ Proporciona um ponto de controlo focal com transmissões seguras e reconhecimento de natureza agradável.
➢ Redução da taxa de falsas identificações.
➢ Identificação precoce tendo em conta a informação existente exame dos componentes de execução.
➢ Identificação do comportamento em termos de débito, DR e despesas gerais de encaminhamento.

5.4 Vantagens

➢ O nosso método proposto fornecerá o algoritmo para a deteção de intrusão em MANET que prevê efetivamente o comportamento malicioso dos nós.
➢ O nosso método proposto melhorará a eficiência das MANET em termos de rendimento, utilizando a análise de factores
➢ O nosso método proposto melhorará o rácio de entrega de pacotes em MANET.
➢ O nosso método proposto dará resultados muito mais exactos do que os do watchdog e do path rater.

PUBLICAÇÃO DO PRESENTE TRABALHO

1. "Uma pesquisa sobre o sistema de deteção de intrusão recente" no Jornal Internacional de Pesquisa Avançada em Ciência da Computação e Engenharia de Software (IJARCSSE), em 15-05-2015, Volume 5 Edição 5,Reg No: V5I5-0342.

2. "Uma pesquisa sobre o sistema de deteção de intrusão recente" no Jornal Internacional de Pesquisa Avançada em Ciência da Computação e Engenharia de Software (IJARCSSE), em 15-09-2015, Volume 5 Edição 8, Reg. No: V5I8-0171.

3. "Avaliação de resultados para sistema de deteção de intrusão utilizando análise fatorial" inInternational Journal of Computer Applications(IJCA),em 05-10-2016 ,Volume 152 (0975-8887).

Printed by Books on Demand GmbH, Norderstedt / Germany